Le Fonds d'Action Sacem
partenaire de la collection
«Mes Premières Découvertes de la Musique»

En accordant ses aides à tous les courants de la création musicale, le Fonds d'Action Sacem se donne également pour objectif de révéler la musique aux enfants. En s'associant à cette collection, le Fonds d'Action Sacem est heureux de mener de tout jeunes lecteurs vers le vaste et bel univers de la musique et de former ainsi le public de demain.

Radio France

L'orchestre

Léo, Marie et l'orchestre

Écrit par Leigh Sauerwein
et Paule du Bouchet

Illustré par Laurent Corvaisier

Musique de Philippe Hersant
Interprétée par l'Orchestre
Philharmonique de Radio France
dirigé par Marek Janowski
Réalisé par Gallimard Jeunesse

GALLIMARD ♩ MES PREMIÈRES DÉCOUVERTES DE LA MUSIQUE

C'est le premier jour des vacances.
Comme tous les étés, Léo
et sa petite sœur Marie se retrouvent
dans la maison rose au bord du lac.
Aussitôt arrivé, Léo se précipite
vers la forêt toute proche.
Marie le suit en courant : «Attends-moi!»

Léo est déjà sous les arbres.
Le feuillage bruisse de chants d'oiseaux.
Léo appelle le merle qu'il a sauvé l'année dernière.
Le voilà ! Léo ne voit pas que Marie s'éloigne.
Elle suit un lapin, là-bas sous le bosquet.
Léo ne remarque rien, il parle avec son merle.
Soudain, il se retourne. Marie a disparu !
« Marie ! Marie ! » Pas de réponse.

Léo arrive à la maison, tout essoufflé...
« Marie est là ? demande-t-il.
– Comment ? Elle n'est pas avec toi ?
Mais tu devais la surveiller ! »
Les parents sont furieux.
« Viens, on va la chercher tout de suite ! »

Tous les gens du village aident à chercher Marie.
On l'appelle, on crie à travers les arbres...
Rien.

À présent le soleil décline.
Les villageois allument des torches.
Et puis le soleil se couche tout à fait.
Marie est bel et bien perdue.

Léo reste dans la forêt.
Il sait que sa sœur est là, quelque part dans le noir.
Mais maintenant la forêt fait peur.
Léo voit des formes étranges.
Et ce bruit, là-bas, ce craquement...
Un loup ? Et ce sifflement...
C'est le vent qui se lève.

Un éclair ! Un coup de tonnerre.
La pluie se met à crépiter.
Le vent hurle. Il pleut à torrents.
Léo court, trébuche, tombe.
Il se réfugie sous le tronc d'un arbre mort.
« Marie ! » crie-t-il.
Il a envie de pleurer.

L'orage est passé.
C'est le petit matin. Léo grelotte de froid.
Soudain il entend un chant inquiet.
«Le merle! Le merle! As-tu vu Marie?»
L'oiseau s'envole.
Léo le suit.

Léo et le merle traversent des champs,
ils croisent un troupeau de chèvres,
un chien errant.
« Hé, le merle ! Tu m'emmènes où ? »
L'oiseau se pose enfin sur un rocher.
Derrière, il y a une énorme
chute d'eau.

Léo comprend.
Il traverse le rideau glacé.
Et là, dans la grotte,
Marie dort paisiblement.
« Marie !
– Léo ! J'ai eu si peur de l'orage.
– Vite, il faut rentrer à la maison ! »
Léo et Marie dévalent la montagne.

Tous les oiseaux
de la forêt les accompagnent.
Léo et Marie se jettent
dans les bras de leurs parents.
Le lac brille au soleil. Et le merle chante
joyeusement dans le ciel.

Avec un orchestre entier, tu peux ressentir
toutes sortes d'impressions différentes !
Par ordre d'apparition à l'oreille, tu peux reconnaître :

• La chanson
de Léo

• Quand le feuillage
bruisse de chants
d'oiseaux.

• Quand Marie
suit le lapin
qui disparaît.

• Quand
tout le monde
cherche Marie.

• Quand le soleil
se couche.

• Quand la forêt
fait peur.

• Quand
l'orage éclate.

• Quand Léo
a envie de pleurer.

• Quand Léo
et le merle
arrivent près
de la chute d'eau.

• Quand Marie
dort paisiblement.

Un orchestre peut comprendre une centaine d'instruments !

Aux commandes de cet incroyable ensemble de musiciens, le chef d'orchestre. Devant lui, en demi-cercle, les familles d'instruments ont chacune leur place. Les cordes sont situées en éventail à proximité du chef. Viennent ensuite les bois et les cuivres. Puis les percussions.

Mes premières découvertes

Responsable éditoriale : Anne de Bouchony
Graphisme : Conce Forgia

ISBN : 2-07-052773-5
© Editions Gallimard Jeunesse, 1999
Dépôt légal : octobre 1999
Numéro d'édition : 91168

Imprimé en Italie par Editoriale Lloyd
Loi n° 49-956 du 16 juillet 1949
sur les publications destinées à la jeunesse

Les collections GALLIMARD JEUNESSE MUSIQUE

Mes Premières Découvertes de la Musique (3 à 6 ans)

Tim et Tom et les instruments à vent
Petit Singe et les percussions
Momo et les cordes
Faustine et les claviers
Fifi et les voix
Loulou et l'électroacoustique
Barnabé et les bruits de la vie
Léo, Marie et l'orchestre

Découverte des Musiciens (6 à 10 ans)

Jean-Sébastien Bach
Ludwig van Beethoven
Hector Berlioz
Frédéric Chopin
Wolfgang Amadeus Mozart
Henry Purcell
Franz Schubert
Antonio Vivaldi

Musiques de tous les temps (8 à 12 ans)

La Musique au temps des chevaliers
La Musique au temps du Roi-Soleil

Musiques d'ailleurs (8 à 12 ans)

Antòn et la musique cubaine
Brendan et les musiques celtiques
Tchavo et la musique tzigane
Bama et le blues

Carnets de Danse (8 à 12 ans)

La Danse classique
La Danse hip-hop
La Danse jazz
La Danse moderne

Octavius Musique (pour tous)

L'Amour
Le Chat

Hors série (pour tous)

L'Alphabet des grands musiciens
Les Berceuses des grands musiciens
Les Berceuses du monde entier
La Bible en musique
Le Manoir des horreurs

Gallimard Jeunesse Musique
Direction : Paule du Bouchet

Mes premières découvertes de la musique
Coordination musicale : Paule du Bouchet
Graphisme : Conce Forgia
Coordination éditoriale : Claire Babin

Léo, Marie et l'orchestre
Enregistrement du CD : Radio France
Musicien metteur en ondes : Alain Duchemin
Prise de son : Caroline Recurt,
assistée d'Alain Joubert
Montage : Claire Levasseur
La musique du CD est éditée par Durand

Pour que tu sois encore plus fort en musique,
voici un petit questionnaire.
Lis bien les réponses, elles te diront
« qui fait quoi ».

Qu'est-ce qu'un compositeur ?

Le compositeur est la personne qui écrit la musique.
Dans ce livre-disque, la musique est composée par **Philippe Hersant**.

Qu'est-ce qu'un auteur ?

L'auteur est la personne qui invente une œuvre, par exemple, les paroles
d'une chanson, une histoire que l'on met ensuite en musique…

Qu'est-ce qu'un éditeur ?

L'éditeur de musique fait imprimer les partitions du compositeur
et se charge d'exploiter et de faire diffuser l'œuvre par tous les moyens
(concerts, enregistrements, librairies spécialisées…).

Qu'est-ce que des droits d'auteur ?

Un artiste n'est pas payé quand il vend son œuvre pour la première fois,
mais il gagne un peu d'argent chaque fois que son œuvre est diffusée
(à la radio, à la télévision, dans les disques, les cassette)
Il touche alors ce qu'on appelle des *droits d'auteur.*

Qu'est-ce que la Sacem ?

La Sacem (Société des Auteurs, Compositeurs et Edit
est une société qui s'occupe de tous les artistes de la r
Elle veille à ce qu'ils soient payés à chaque fois que l'
leur œuvre : c'est elle qui leur reverse leurs droits d'au
Ainsi ils peuvent vivre de leur art.